그림일기

그림일기

글·그림
박정원

*

목차

*

이 그림책에 대하여 · 07

지나치게 사적인 자화상에 대하여 · 09

공터에서 별자리로 · 13

그림일기 · 19

이 그림책에 대하여

『그림일기』는 2017년부터 2024년에 걸쳐 적었던 일기를 토대로 개인적인 삶의 장면들을 되새기는 에세이와 드로잉을 묶어낸 그림책입니다. 이 그림책은 대학 내 성폭력 당사자로서의 트라우마와, 성폭력 사건에 대한 학내 인권센터의 부적절한 처우, 그에 대한 공론화의 경험을 배경으로 하고 있습니다. 그리고 이와 같은 시기에 겪었던 이별과 애도의 경험을 담았습니다.

  개인적인 경험을 글과 그림으로 풀어내 공적인 영역에 공개하게 된 이유는, 이 일이 비단 저 혼자만의 일이 아닐 것이라는 생각이 들었기 때문입니다. 성폭력에 대한 제도적 장치가 제대로 작동하지 않고 피해 당사자에 대한 의심과 2차 가해가 난무하는 이 사회에서, 성폭력은 분명 수많은 사람들이 경험해 왔을 보편의 폭력입니다. 지금도 많은 성폭력 피해 당사자들이 자신이 겪은 폭력을 세상에 증언하기 위해 긴 시간을 통과하고 있습니다.

  그러니 성폭력 피해자에게는 필요한 말들이 많습니다. 당신이 겪은 폭력에 대해서 가장 잘 알고 있는 것은 당신이라고. 타인에게, 세상에게, 제도와 기관에게, 그리고 자신에게 그 폭력을 끊임없이 증명하고 소명해야 할 당신이 지고 있는 무게를 알고 있다고. 그 과정에서 신뢰하고 사랑하던 사람들을 자꾸만 잃어 가는 아픔 또한 알고 있다고. 그래도 부디 흔들리지 말아 달라고. 그러한 말들을 이 책을 통해 소리 내어 전할 수 있으면 좋겠습니다.

한편 가족 구성원과의 이별과 애도는 보편의 슬픔이기도 할 것입니다. 우리는 가족과 사랑이라고 쉽게 부를 수 없는 사랑을 하고, 덜컥 운명지어졌지만 서툴디 서툰 관계를 맺으며, 서로에게 쉽사리 침투하지 못하거나 너무 깊이 파고들어 상처를 남기기를 반복하며, 마냥 애틋하지만은 않은 시간을 함께 합니다. 쉼 없이 흘러가는 삶 속에서 이들과의 이별은 지극히 초라하게, 아름답지도 않게 발생하고 사라져 버리곤 합니다. 그래서 저는 마냥 사랑하기만 할 수는 없었던 할아버지를 떠나보내며 이 이별을 어떻게 받아들일지, 이 관계를 어떻게 기억할지에 대해 고민하며 애도의 시간을 보내고 기록하게 되었습니다.

이러한 일들은 서로 본질적으로 다르지만, 대개 한 개의 삶 안에, 그리고 종종 삶의 한 시점 안에서 혼재해 있습니다. 삶이 송두리째 하나의 슬픔 속에 잠겨 있을 때도 우리는 또 다른 슬픔을 마주하기 위해 다시 수면 위로 떠올라야 합니다. 그렇게 가라앉고 또다시 고개를 들어 호흡하기를 반복하며 삶은 계속됩니다. 경험의 공유를 통해, 저의 고통이 혼자만의 고통이 아니며 당신의 슬픔이 당신만의 슬픔이 아니라는, 그런 감정의 맞닿음이 저와 당신 사이에서 생긴다면 더할 나위 없을 것 같습니다.

이 책을 읽어 주시는 당신의 일상이 항상 평온하기를,

고통과 슬픔의 시간 속에 있는 사람들이 하루 빨리 다시 일상으로 돌아올 수 있기를 바랍니다.

지나치게 사적인 자화상에 대하여

- 2021년 10월의 일기

    자화상을 그려본 지가 오래되었다. 다른 사물을 그리고 그것이 나를 은유하고 있다는 식의 자화상은 종종 그리지만, 나는 더 이상 내 얼굴을 보고 그리는 자화상은 그리지 않는다.

    마지막으로 내 얼굴이 담긴 자화상을 그린 건 2017년, 대학 1학년 때의 전공 수업에서였다. 이야기가 있는 그림을 그리는 과제였다. 그때 나는 중학교 시절까지 살던 동네에 찾아갔다. 아파트 단지의 흰색 미끄럼틀, 예전에 다녔던 중학교, 학교 가는 길에 있는 콘크리트 계단, 이렇게 세 공간의 벽에 색연필로 자화상을 그렸다. 수성 색연필을 사용했으므로 그 자화상들은 아마 며칠에서 몇 주 새 흔적도 없이 사라졌을 것이다.

    이 자화상을 구상하던 중에, 나는 예비 단계의 드로잉을 준비하다 혼자 눈물이 난 적이 있었다. 어차피 사라질 자화상을 그리고 싶었던 나는 나의 어떤 시절이 나의 현재로부터 영영 멀어져 사라지길 바랬고, 그와 동시에 그 시절이 사라져버린다는 것을 생각하니 갑자기 눈물이 났다. 그림을 완성했을 때도 그런 마음은 후련히 사라지지 않았다. 벽에 남아 있을 흔적을, 그 동네를, 색연필로 벽을 긁던 순간을 생각하면 그 이후에도 마음이 자꾸 울컥거리곤 했는데 그걸 설명할 수 있는 언어가 그때는 아직 나에게 없었다.

나는 학창 시절에 또래 남자아이들에게 학교 폭력과 단톡방 성희롱을 당했다. 학창 시절 내내, 그런 일을 당했을 때 어른들에게 도움을 청한 적은 한 번도 없었다. 이것이 문제인지를 인지하지조차 못했다. 아무도 이것이 문제인지 몰랐고, 아무도 이것이 문제라고 이야기해주지 않았기 때문이다. 나는 강한 사람이고 싶었다. 내성적이고 어두운 편이었던 나는 더 이상 사람들에게 내쳐지는 외톨이고 싶지 않았다. 그래서 그런 일을 당했어도 아무 상처 받지 않은 사람처럼 굴려 했다. 세상이 그 폭력을 아무렇지 않아 하니, 나도 그 폭력이 아무렇지 않은 것인 척 했다. 훗날 시간이 많이 흐르고 나서 그때의 폭력이 트라우마가 되어 나의 일부를 이미 훼손했다는 걸 알았을 때, 나는 내가 당한 것이 폭력이라는 것을 알아챘다. 그리고 그 울컥거림을 설명할 수 있는 언어를 가지게 되었다. 내가 겪은 일을 폭력이라고 부를 수 있게 된 순간에는 마음이 차고 따가웠다. 붉게 부은 눈 위로 찬 겨울 공기가 닿는 기분이 들었다.

자화상을 그린다는 것은 무엇일까. 나는 솔직히 내 얼굴을 보고 그대로 그리는 행위가 이제는 조금 쑥쓰럽게 느껴진다. 평소에 풍경 위주로 작업을 하는 사람이기도 해서, 아마 자화상을 그리는 일은 앞으로 별로 없지 않을까. 솔직히 1학년 때 한 작업들은 어딘가 모르게 부끄럽고 서툴게 느껴진다. 너무 개인적이고, 그저 개인적이어서, 왠지 미술이 되지 못한 미완성품 같은 기분이 든다. 벽 위의 자화상 역시 마찬가지다. 다만 나는 졸업을 앞둔 지금도, 그렇다고 해서 각자의 '개인적인' 작업을 억누르거나 멈추지 말아야 한다고 믿는다. 누군가가 조롱을 하더라도. 왜냐하면.

나는 자주 떠올린다. 몇 년 전의 나를. 성폭력을 겪기 전의 나를. 그리고 끝없는 트라우마와 우울감으로부터 쉬이 헤어나오지 못하고 있는 지금의 나를. 오늘 밤에는 가해자와 관계를 끊었던 날을 떠올렸다. 그날 나는 집으로 돌아가는 막차 지하철 안에서 숨도 못 쉴 정도로 소리내어 울었다. 지하철 안의 사람들이 전부 나를 이상하게 쳐다봤다. 그때는 인권센터 신고를 결정하기 전이었고 긴 싸움이 시작될 걸 알지 못했다. 그저 돌이킬 수 없어졌다는 것과, 나의 이십대 초반이 뜯겨져 버렸다는 것, 그리고 무언가 끔찍한 일이 나에게 벌어졌고 이제는 벗어났다는 것 정도를 알았다. 나는 내가 우주 한복판에 떨어져 나온 먼지처럼 되어버렸다는 것을 알았다. 그리고 그렇게 울었다. 오늘 나는 아주 오랜만에 그걸 떠올렸다. 지금 체코로 교환학생을 와 있는 스물다섯 살의 나는 울면서 지하철 역으로 내려가는 스물네 살의 나를 먼 발치에서 바라봤다. 그 뒷모습을 나는 계속 생각했다. 마음이 한 웅큼 잡아 뜯어지는 듯한 통증이 일었다. 그리고 생각했다. 자화상을 그리는 건 그런 일이 아닐까. 나의 어느 시절의 뒷모습을 지켜봐주는 일이 아닐까, 하고.

　나는 올해 초부터 데이트 폭력에 대한 단편소설을 썼지만 완성하지 못했다. 더이상 탈고할 힘도 없고 이래저래 어디 내놓기에는 애매한 글이 되었다. 그 실패가 너무 크게 느껴져서 노트북 구석에 파일을 쳐박아두고 두 달 여간을 무기력증에 빠져 있었다. 나는 많이 자책감을 느꼈다. 나는 왜 쓸 수 없지? 왜 나는 지금 와서도 멋지게 써내고 떨쳐내지 못하지? 하고. 소중한 사람들은 내 상태를 보고, 아직은 시간이 필요할 것 같다고 조언해줬다. 선생님께서도, 쓰려면 시간이 오래 걸리는 글이 있고 시간이 지나면 더 퇴고할 수 있을 거라고 하셨다. 나는 마음이 많이 급했다. 폭력으로 사라진 나의 이십대 초반의 시간만큼, 나는 많이 늦어진 사람이 된 것 같았다. 지금은 시간이 필요하다는 말이 스르르 마음에 닿는다. 그런 다급함에서 완전히 자유롭지는 못하지만서도.

그래서 누군가가 이 글을 끝까지 읽어주었다면, 나는 당신이 조금 더 '개인적인' 시간을 더 보내도 좋다고 생각한다. 자신의 얼굴을 따라 그리고, 자신의 뒷모습을 지켜보는 시간이 누구에게나 어느 시기에는 꼭 필요하다고 믿는다. 그리고 그렇게 만들어진 당신의 개인적이고 사적인 작업물들을, 흔적들을, 나는 소중히 여기겠다고 말하고 싶다. 어떤 인정이나 완성도의 잣대를 통해 보지 않고, 그 속에서 당신의 모습을 찾아내겠다고. 그런 마음으로 당신을 기다리겠다고.

공터에서 별자리로

- 2024년 7월의 일기

아마 빈 땅을 바라보면서 처음 그림을 그려야겠다고 생각했을 거다.

2018년 5월 1일 노동절이 지나고 나서였다. 성북구 장위동 재개발 구역에서 197-54번지가 철거되고 난 후 잔해만 남은 빈 땅을, 멀찍이 떨어진 교회 옥상에 올라가 바라보았다. 이 곳에서 어떤 일이 일어났는지, 어떤 사건이 발생하고 잔상처럼 지나갔는지, 그리고 어떤 것이 사라졌는지에 대해 생각했다.

당시 스물두 살이었던 나는 불법촬영과 데이트 폭력을 경험하고서도 그것을 폭력이라고 인지하지 못하고 있는 여성이었다. 당시 연인이었던 가해자는 내가 학보사 기자 활동을 하는 것을 좋아하지 않았고, 나와 둘이 있을 때마다 철거 현장에 연대하는 단체들에 대한 비하를 내게 늘어놓곤 했다. 가해자와 단 둘이 있던 공간에서 빠져나왔을 때만 나는 자유를 찾았다. 스스로 몸을 움직일 수 있었고, 그가 강제로 입히던 옷 대신 두터운 청바지와 짙은 초록색 셔츠를 입을 수 있었다. 내가 혼자 옷가게에 가서 그 초록색 셔츠를 샀을 때 가해자는 본인이 골라 주지 않은 옷을 멋대로 사 입었다며 내게 화를 냈었다. 아무튼 나는 장위동에 학보사 취재를 갈 때는 그 초록색 셔츠를 자주 입었다. 셔츠 소매의 레이스 장식이 옥상과 계단에 둘러져 있던 철조망에 뜯겨 나가 이곳저곳 구멍이 났지만, 나는 아직도 그 옷을 버리지 못하고 있다.

지금은 2024년이다. 2018년의 일을 무엇부터 떠올려야 할까. 옥상에 돗자리를 펼쳐 놓고 밤을 새던 시간. '장위동 블루스'를 부르던 뮤지션. 살면서 처음으로 목격한 강제 집행. 덩치 큰 사람들이 수백 명씩 몰려들어 문을 뜯고 건물을 부수던 것. 2층에 고립된 채로 창문을 통해 물과 약과 음식을 전달받는 연대인들. 흩날리던 전단지에 인쇄되어 있던 몸을 다친 철거민 위원장의 모습. 그때 만나게 되어 지금까지 관계를 맺고 있는 사람들. 너무나도 많은 일이 일어났다. 확실하게 말할 수 있는 건 그 빈 터가 단순히 정말 비어있기만 한 공간은 아니었다는 것이다.

장위 7구역의 빈 터를 보며 첫번째 그림을 그렸다. 빈 터의 잔해를 바라보며 잔해를 그렸다. 잔해밖에 없어서 잔해밖에 그릴 수 없었지만, 어쩌면 무언가 다른 걸 그릴 수도 있을 것 같았다. 그림이니까. 돌과 유리 조각, 물이 고인 웅덩이, 찢어진 현수막, 무너진 벽으로부터 시작한 얇은 선은 사람을 닮은 유령의 형태가 되기도 하고 연기가 되기도 하고 작은 종이의 모양이 되기도 하면서 종이 위를 움직여 퍼져 나갔다. 내가 현장에서 만드는 몸짓은 기본적으로 아무것도 할 수 없었지만 - 키도 작고 힘도 약해서 용역을 막기에도 별 도움이 안 되고, 연대인 머릿수 채우는 정도밖에 안 되었다고 생각한다 - 종이 위에서 만든 손짓은 궤적처럼 종이에 스며들어 무언가를 남겼다.

무언가는 결국 무언가였고, 무언가에서 더 나아가지 못하고 있었지만 아마 그게 내가 그림을 그려야겠다고 생각한 이유였을 것이다.

2018년 여름에 학보사를 그만뒀다. 2019년부터는 휴학을 했다. 가해자의 군 복무 때문에 달에 몇 번씩 서울과 부대가 있는 지방을 오가는 게 생활의 거의 전부가 되면서 고립이 커져 갔다. 잠을 한숨도 자지 못하고 심야 버스를 타고 알러지가 난 몸을 긁으며 부대에 도착하면, 어김없이 모텔에 가야 했다. 원해서 한 관계도 있었지만 원하지 않아도 해야 했고, 관계를 하지 않으면 헤어져야겠다는 이야기를 듣고, 잠을 자지 못해도 해야 했고 몸이 아파도 해야 했고 울다가도 해야 했다. 그 모든 일들이 결국 폭력으로 인정받지 못했지만 아무튼 셀 수 없이 그래야 했다. 그 모든 일들이 창피해서 아무한테도 이야기하지 않았다. 그즈음 초대되어 있던 궁중족발 투쟁 연대 단톡방을 나갔다. 집에서 몸을 일으킬 수 없는 날이 늘어만 갔는데 왜인지는 알 수 없었다. 어떻게든 살고 싶어서 집에 화분을 들였는데, 들이는 족족 물 주는 걸 깜박해서 죽어 나갔다. 당연히 그림은 한 장도 그리지 않았다. 나의 몸이 폭력의 경험과 가까워질수록, 동시에 현장과도, 그림과도 멀어졌다. 폭력의 경험은 나를 원한 때문에 이승을 떠나지 못하는 유령 같은 사람으로 만들었다.

어떻게 벗어나게 되었는지 잘 기억도 나지 않는다. 한 명의 지인에게 불법 촬영을 당했던 사실을 터놓았던 것을 기점으로 움직이기 시작해서 인권센터 절차까지 밟아나갔다. 2차 가해를 당했다. 그 어떤 것도 폭력으로 인정받지 못했다. 재심의를 수차례 요청했지만 묵살당했다. 또 다시 휴학을 했다. 그게 나의 2020년이었다.

그런데 2020년은 다시 빈 땅을 그리기 시작했던 해이기도 하다. 코로나 펜데믹으로 집회가 금지되어 텅 비어버린 광화문 광장을 그렸던 그 해의 가을. 작은 종이를 수채 잉크로 전부 채우는 데 한 달이 빼곡히 걸렸던 경험. 분명 빈 공간을 그리는 것인데도 한 달이나 걸렸다. 빈 공간을 쉽게 빈 공간으로 남겨둘 수 없었기 때문이다. 그렇게 다시 그림을 그리기 시작했다.

내 그림의 시작점이 무엇인가,라는 질문에 답을 써 보고 싶었다.

나는 아직도 원한 때문에 이승을 떠나지 못하는 유령처럼 살고 있다. 2024년인데도. 지난 몇 년간 단 하루도 가해에 대해 생각하지 않은 적이 없다. 머나먼 타국에서 찬란하게 아름다운 풍경을 볼 때도, 아주 아주 맛있는 음식을 먹을 때도, 아주 아주 기쁜 일이 있을 때도, 나는 가해에 대해 떠올린다. 폭력으로 정의되지 못한 모든 일들과, 그것들이 파괴한 나의 삶에 대해 떠올린다. 어딘가에 있을지도 모르는 그 짧은 찰나의 사진과 영상에 대해서 상상하고 괴로워한다. 어떤 방법을 써도 그 어떤 것도 지울 수가 없다. 앞으로도 그럴 것이다.

그래도 나는 다시 현장으로 돌아왔다. 다시 그림을 그리기 시작했다. 반딧불이 점멸하다 다시 약한 빛을 밝히듯 내 삶은 어쨌든 유지되었다. 자주 그 불빛이 흐려지지만 조금만 기다리면 머지않아 다시 켜지기를 반복하며 지금도 유지되고 있다.

우리는 현장에서 각각 한 명의 반딧불이 된다. 칠흑 같은 어둠의 순간에도 다시 빛을 밝힐 수 있는 가능성과 상상력을 잃지 않으며 반딧불은 숨을 쉬고 춤을 춘다. 반딧불과 반딧불 사이의 허공을 선으로 이어 별자리를 만든다. 손가락 끝이 그 선을 긋고 지나가면 선은 이내 사라지지만, 사라진 후에도 우리는 그 선으로 비롯된 연결이 존재한다는 것을 알고 있다. 서로를 혼자되지 않게 만드는 관계와 연대의 순간이 있었다는 것을 기억할 수 있다. 한 명의 연약한 반딧불인 우리를 살게 하는 힘은, 아무것도 없는 것처럼 보이는 어두운 허공 안에서 서로서로를 잇는 가느다란 선으로 존재한다. 나는 그 선이 만들어낸 별자리가 나를 고립으로부터 구원했다는 것을 안다. 그래서 나는 내가 겪은 폭력의 경험과 현장에서의 경험을 떼놓고 설명할 수 없다.

  결국 나는 살고 싶은 마음에 대해서 쓰고 있다. 어쩌면 나는 살고 싶어서 현장에 가고, 살고 싶어서 그림을 그리는 것일지도 모른다.

그림일기

1.

2017 — 2020

가해자는 진해에서 해군으로 복무해서 그 기간 동안 거의 해군 정복을 입고 다녔다. 오른쪽 뺨에는 삼각형을 이루는 세 개의 점이 있다. 처음 봤을 때는 얇은 테의 동그란 안경을 쓰고 있었다.

2.

2017 - 2020

스물한 살 때, 나의 첫 자취방은 영상원 후문 바로 앞 카페 건물의 2층이었다. 다섯 평 남짓 되는 원룸은 아주 작았다. 크기에 비해 월세는 전혀 저렴하지 않았다. 하지만 바로 맞은편에 파출소가 있고 큰길에 인접해 있다는 이유로 부모님은 내 의사를 듣지 않고 이곳으로 방을 정해 버리셨다. 사실 안전하다는 이 두 조건은 나에게 한번도 도움이 된 적이 없다. 가장 안전한 곳에서도 폭력은 언제든지 일어날 수 있다는 사실을 나는 이제는 안다.

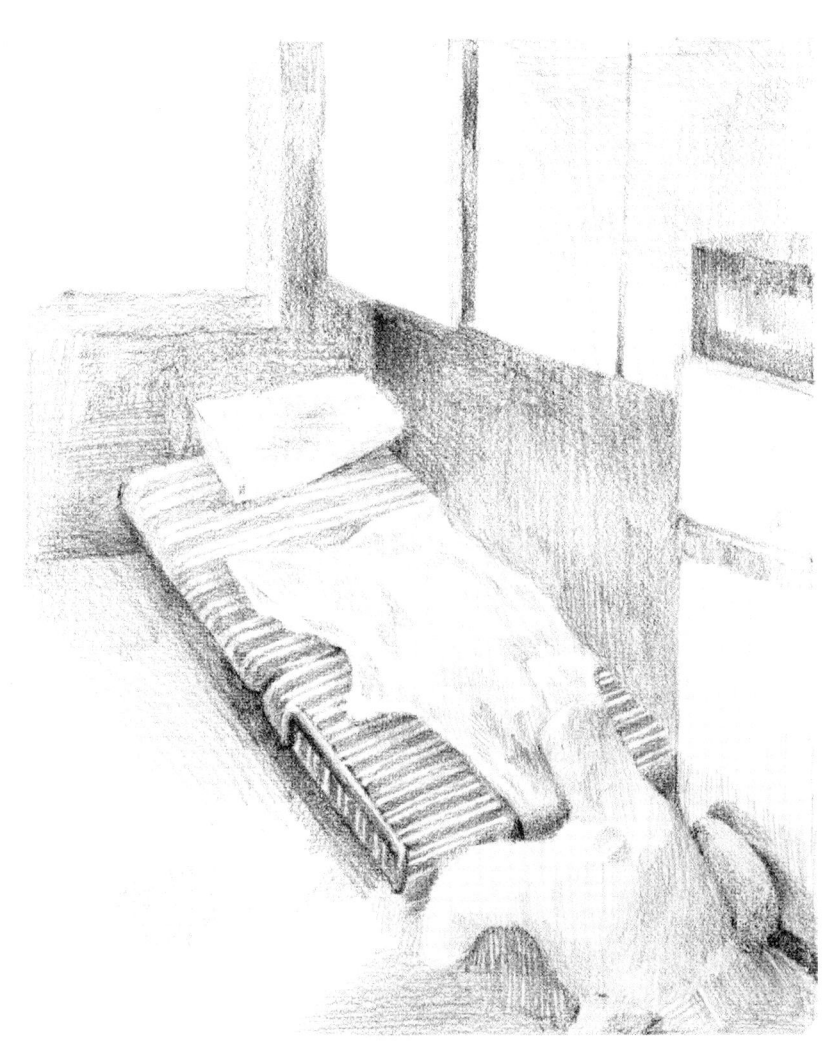

돌곶이에서 얻은 첫 번째 자취방

3.

2017 - 2020

가해자는 줄노트의 줄 위에다 글씨를 쓰는 습관이 있었다.
그게 멋있어 보여서 나도 한때 노트에 글을 쓸 때 그걸 흉내내곤 했다.
나는 예전에 썼던 노트를 이제는 다시 열어보지 않는다.

가해자가 사용하던 전자담배와 몰스킨 노트, 손가락에 있던 문신 글씨가 아주 작았고 줄노트의 줄 위에 글을 쓰는 버릇이 있었다.

4.

2018

나는 가장 안전한 곳에서도 폭력은 얼마든지 일어난다는 사실을 이제는 안다. 가장 안전하고 가깝다고 생각한 사람조차도 언제든 악의를 가질 수 있다는 것을 알고, 누군가는 피해자조차도 폭력이 아니라고 믿게끔 만들면서 폭력을 행사하기도 한다는 것을 안다. 끝내 아무도 폭력이라 명명하지 않은 채 사라지는 폭력이 존재한다는 것을 알고, 그렇다고 해서 그것을 폭력이 아니라고 말할 수는 없다는 것을 안다. 나는 피해자라고 해서 항상 우월하고 피해자다울 수는 없다는 것을 안다. 애초에 세상에 완벽하게 불쌍한 피해자 같은 건 어디에도 없다는 것도 안다.

5.

2017 - 2020

강아지를 신발 신은 발로 쓰다듬는 건 잘못된 행동이다.
나는 강아지를 발로 쓰다듬는 것이 잘못된 행동이라는 것을 알고 있지만 그렇게 말할 수 없었던 시기가 있었다.
나는 만약 앞으로 강아지를 발로 쓰다듬는 사람을 보면 잘못되었다고 말할 것이다.

가해자는 사진 찍는 것을 좋아했다. 지금 내 주변에는 영화와 사진을 사랑하는 사람들이 많다. 그게 늘 무섭다.

6.

2018 - 2019

진해에 유일하게 하나 있던 24시간 맥도날드는 시외버스터미널에서 걸어서 20분 걸리는 거리에 있었다. 아르바이트가 끝나면 10시. 남부터미널에 도착하면 11시. 나는 늘 11시 10분 발 버스를 탔다. 새벽 1시에 진해에 도착하면 거리가 소름끼치게 조용했다. 깜깜한 거리를 걸어 맥도날드에 가서 면회가 시작되는 아침을 기다렸다.

진해역 24시간 맥도날드

7.

2019년 봄

첫번째 휴학을 하던 2019년 4월에 내 첫번째 화분 노랑색 가랑코에를 데려왔다. 석관시장 버스정류장 앞을 지나다 작은 꽃집을 보았는데, 꽃집 진열대에서 노랑으로 환히 웃고 있는 가랑코에를 마주쳤다. 초등학교 때 학교 준비물로 가랑코에 화분을 사갔던 기억이 떠올랐다. 그때 아빠는 어린 나에게 화분을 사 주며 꽃 이름을 이렇게 기억해보라고 했다. 콧등을 만지며 "가랑잎이 코에 묻었네" 하고.
 스물세 살의 나는 화분을 사서 건널목을 건너 집으로 돌아가는 내내 중얼거렸다.
 가랑잎이 코에 묻었네.
 가랑잎이 코에 묻었네.
가랑코에 '노랑이'는 아무리 꼬박꼬박 물을 주어도 순식간에 시들어버렸다. 태풍이 서울로 올라왔던 어느 날, 노랑이는 내가 집을 반나절 비운 사이 창틀 위에서 넘어져버렸다. 넘어져 있는 화분을 치우지도 않고 몇달이고 바라보기만 했다. 작은 침대에 모로 누워서.

8.

2018

나는 피곤하면 온 몸에 두드러기가 나는 타입이다. 항히스타민제를 먹지 않으면 너무 간지러워서 일상생활을 할 수 없다. 심하면 두피까지 따끔따끔 열이 오르기도 한다. 조금만 꽉 끼는 옷을 입어도 몸 구석구석이 빨갛게 일어난다. 진해에서 서울로 돌아오는 버스 안에서 내내 원피스 속으로 손을 넣어 몸을 긁었다.

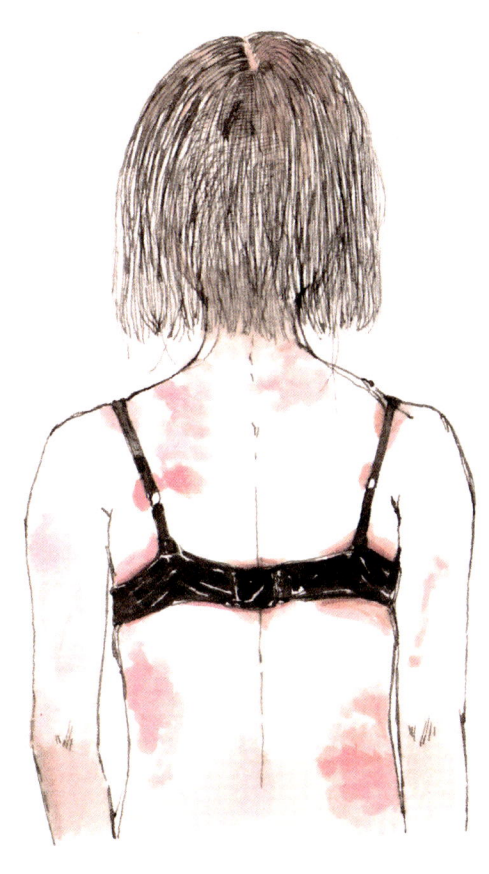

나는 가장 오래 기억할 거야.

9.

2018

진해역은 10년쯤 전에 폐역이 되었다. 정확한 시기는 잘 모른다. 4월마다 진해에서 벚꽃축제와 군항제가 열릴 때, 진해역에서 관광용 기차를 임시로 운행한다. 고요히 잠들어 있던 역이 1년에 딱 한번 다시 살아나는 시기다. 바다가 가까워서 그런지, 여름에도 진해의 새벽은 꽤 쌀쌀했다. 여섯 시쯤 맥도날드에서 나와 부대 앞으로 가는 길에 늘 문 닫은 진해역을 지나쳤다. 빛을 반사하는 표지판 뒤로 칠흑 같은 어둠이 밤바다처럼 가라앉아 있었다.

폐역이 된 진해역

10.

2018

나는 내가 좋아하던 파란색 원피스를 입은 내 모습을 좋아했다.
나는 지금도 여전히 그 파란색 원피스를 좋아한다.

내가 가장 좋아하는 파란색 원피스

11.

2019년 봄

경화역은 진해 해군부대 근처에서 마을버스로 15분 정도 떨어진 곳에 있었다. 진해역보다 더 오래전에 폐역이 된 그곳에는 이제는 기차가 다니지 않는 기찻길과 이제는 아무도 타지 않는 기차가 덩그러니 있었다. 면회가 끝나고 서울로 돌아가는 버스 시간이 남았을 때 종종 경화역에 갔다. 관광지용 무지개 조명 아래서 밤벚꽃이 흔들흔들 일렁였다.

12.

2020

나는 가해 날짜와 시기를 전혀 기억하지 못한다. 그런 일을 당했을 때는 마음에 담아두지 말고 빨리 잊어버려야 한다고 생각했을 뿐이고, 결국 정말로 잊어버린 것 뿐이다. 인권센터 신고절차를 밟을 때 더 정확한 날짜를 특정하기 위해 3년간의 카카오톡 대화 기록을 모조리 뒤졌지만 찾지 못했다. 난 피해사실을 친구에게도 지인에게도 가족에게도 말하지 않고 철저히 비밀로 해왔다. 3년 동안 그 아무에게도 말하지 않았다. 날짜를 조금만 더 잘 기억했더라면 더 좋은 결과가 있을 수도 있었을까.

학생회관 맞은편 숲 위로 별과 달이 수직으로 떠 있었다.

13.

2020 - 2024

'메일을 받고 나서 어떻게 답장을 보내야 할지 고민이 많아 답장이 늦었습니다.
 저는 인권센터로부터 심의 결과 통보와 재심의 거절 통보를 받은 이후로 가해를 당할 때보다 더 극심한 심리적 고통 속에 있습니다. 현재 코로나 때문에 학교를 가지 않아도 괜찮은 이 상황이 다행이라고 느껴질 정도로, 학교를 떠올리는 것만으로도 고통스럽습니다. 현재는 학교를 도저히 다닐 수 없어 휴학으로 돌리려 하고 있고, 이후 언젠가 복학을 한다면 제가 과연 아무렇지 않게 학교 생활을 제대로 할 수 있을지 모르겠습니다. 솔직히, 교정을 보기만 해도 마음이 무너져 견딜 수 없을 것 같습니다.
 가해자가 저를 치유하겠다는 시혜적인 태도로 사과문을 보낸다고 해도, 적어도 당분간은 절대 읽어볼 수 없을 겁니다. 저는 지금 이미 가해자가 몇 차례 보낸 사과문을 읽어볼 수도 없습니다. 읽는 것만으로도 그런 일이 일어났다는 사실들이 수치스럽고 끔찍하고 믿기 힘들고 견딜 수가 없습니다. 인권센터와 조사위에서는 사건을 "결론"지었다고 했지만, 제 고통은 또 다른 형태로 다시금 시작되었습니다.'

14.

2020 - 2024

'저는 아직도 피해 당사자 입장에서 심의 내용이 반인권적이고 2차 가해적이라고 느끼는 것, 그 이상의 타당성이 재심의 절차에서 왜 요구되는지 이해할 수 없습니다. 인권센터 역시 지금까지 단 한 번도 본인들의 통보가 왜 타당한지 납득 가능하게 증명한 적이 없지 않습니까. 피해자의 성적 수치심을 개인의 자유로 덮어 버린 심의 결과와 재심의 거절 통보서에는 사건의 세부적인 내용도, 증거가 될 진술이나 녹취의 인용도, 분석도, 그야말로 아무런 정보량도 없었지요.

제가 절실히 필요로 하는 건 제도로부터 고통을 인정받고 앞으로도 인정받을 수 있다는 확신을 가지는 것입니다. 그것이 앞으로 삶에서의, 적어도 학교 생활을 하는 도중에서의 유일한 희망일 것이라고 생각합니다. 또 일이 휩쓸려 누군가에게 성폭력을 당한다 하더라도 구성원으로써 보호받을 수 있고 떳떳할 수 있을 것이라는 희망입니다. 하지만 이 모든 것이 부정당한 지금, 제가 겪고 있는 고통은 적절한 처벌을 회피한 가해자의 사과문 같은 걸로는 절대로, 영원히 치유할 수 없습니다. 제 피해를 인정받기 위해서는 이제 할 수 있는 게 아무것도 없다는 생각이 들어 이젠 도무지 어떻게 해야 할 지 모르겠습니다.'

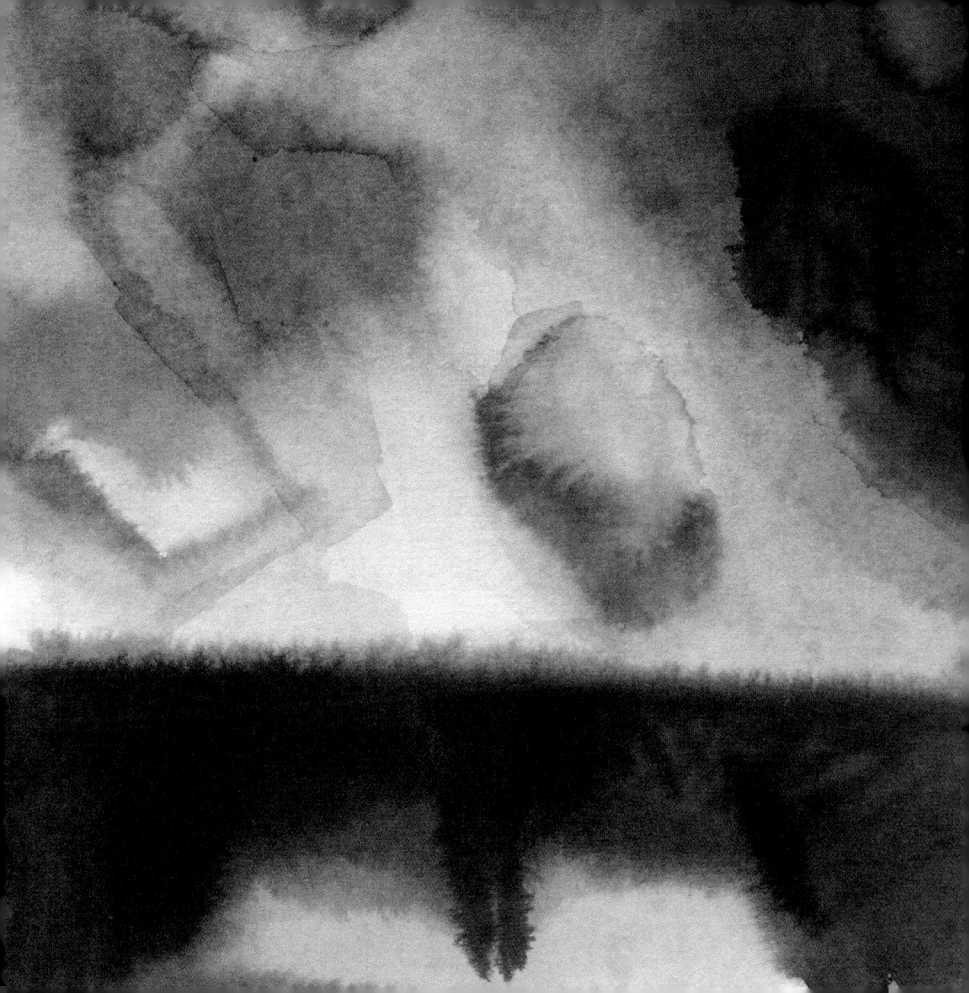

15.

2021

나를 제외한 전부가 아무 일 없이 흐르는 것 같아 익숙하게 눈물이 날 것 같았다.
어딘가에 아직 내 목소리가 울리고 있는 곳이 있을까.
한 곳이라도 있을까.
이제는 어느 곳에도 없을까.

나는 내가 우주 한복판에 떨어져 나온 먼지처럼 되어버렸다는 것을 깨달았다.

16.

2022

할아버지가 입고 계시던 외투에 판화 엽서를 넣어 두고 나왔다.
사실 내 그림 중에서는 이누지마에서 보았던 바다를 그린 그림이 호불호 없이 누구나 좋아할 법한 그림이고 할아버지도 좋아하실 것 같은데, 바다 그림은 엽서로 만들어놓지를 않았다. 후회가 되었다. 할아버지는 내 그림을 한번도 보신 적이 없다. 분당 서울대병원에 오니 몇가지 기억이 났다. 맨 처음으로 생각난 건 고등학생 때의 장례식에 갔던 것이었다. 여름 해가 떠 있던 주차장과 교복 차림으로 담배를 피우던 애들. 떠오를 것이라고 생각은 했지만 딱히 생각하고 싶지 않았다. 내가 병원에 오니 가 생각난다고 이야기를 하자 엄마는 외할머니를 간호하던 때가 떠올랐다고 했다. 외할머니는 분당과 서산을 오가며 치료를 받으셨는데, 내가 마지막으로 외할머니를 봤던 건 서산 병원에서였다. 누워 있는 할머니의 체구가 점점 작아지고 있었다. 너무 작아서 눈을 뗄 수 없을 정도로 작아지고 있었다. 엄마는 나를 병원에서 미금역까지 차로 데려다줬다. 미금역에 오니 또 이것저것 생각이 났다. 입시를 하던 미술학원. 고등학교 가는 버스로 갈아타던 정류장. 한번 불이 난 적이 있는 편의점. 롯데리아. 라볶이집. 국수집. 절반은 사라지고 절반은 그대로였다. 정말이지 많은 일이 있었다. 정말로.

17.

2020 - 2022

할아버지가 위독하시다는 소식을 듣고 맨 처음으로 생각난 건 예전에 할아버지가 분당에 올라와 건강검진을 가실 때 배웅을 해 드렸어서 다행이라는 생각이었다. 할아버지는 노년기 우울증을 담배와 술에 의존해 이겨내고 계셨고, 그때도 병원 화장실과 버스터미널과 온갖 흡연구역에서 담배를 피우셨다. 반은 말리는 데 성공하고 화장실에서 피실 땐 차마 남자화장실에 들어갈 수가 없어서 실패했다. 지금은 그때 남자 화장실에라도 들어갔어야 하는데 하는 생각밖에 안 든다.

아무튼 그 날은 날씨가 무척 좋았고, 나뭇잎 사이로 내려앉는 노란 햇빛이 예뻤고, 약국으로 향하는 오르막길을 걷는 할아버지의 뒷모습을 보았고, 늘 그 계절마다 걸치시던 점퍼를 입으신 걸 보았으니, 그날 한번 더 보았으니, 그나마 다행이라고 생각을 했었다. 물론 어느 것도 다행이 아니었지만.

전화를 끊고 집에서 울다가 생각보다 금방 눈물을 그쳤다. 왜일까.
할아버지를 향한 내 마음이 미움도 사랑도 뭣도 아니라서, 그래서 울기엔 너무 초라해서, 아니 그 사실 자체가 너무 슬퍼서 그렇게 울었던 것도 같다. 할아버지는 왜 나같은 애를 사랑할까. 할아버지는 나같은 애를 사랑하시면서 왜 그렇게 초라한 방식으로 나를 대하셨을까. 못돼먹었으면 못돼먹은 만큼 행복해야지 왜 그렇게 담배를 피우고 술을 마시고 아프고 쓰러지고 화를 내시는 걸까.

폭력은 나쁘고 삶은 버겁고 사랑은 어려워, 할아버지

18.

2022

누군가가 등을 힘껏 밀어주었다면 그 메시지에 해보겠다고 대답을 보낼 수 있었을까. 네 잘못이 아니야. 헷갈리지 마. 그건 폭력이야. 넌 폭력을 당한 거야. 별 일 아닌 게 아니야. 그건 폭력이야. 그런 말을 해 주는 사람이 있었다면, 나는 더 나아갈 수 있었을까. 아니다. 지지의 뜻을 전해주는 사람은 많이 있었다. 내가 너무 무서워서 믿지 못했던 것 뿐이다. 그들의 진심도 나 자신조차도. 저번달에 응모했던 원고의 마지막 장에 이런 문장을 썼다.
'끝나지 않은 채로 사라져가는 것들이 있다는 사실을 받아들이기가 쉽지 않았다'고.

늘 학생회관 앞을 지나가야 했다.

19.

2021

 오늘 책을 빌리려고 학교 도서관에 갔다. 학교는 새학기가 시작해서 활기 찼고 사람이 많았다. 늘 가던 카페 벤치 근처에도 사람들이 저들끼리 밝게 인사하며 몰려다니는 게 보였다. 누군가 인사를 해서 화들짝 놀랐는데 내 뒤에 있는 사람에게 인사하는 거였다. 나는 이 학교에서 대화를 제대로 할 수 없는 사람이 된 것 같다. 실제로도 그렇다. 학교에 있는 사람들은 모두 나에게 사람이 아니라 그저 시선이다. 어디를 가도 있지만 도저히 닿을 수 없이 먼 시선이다.
 자가진단 키트 검사를 받아야 출입할 수 있다는데 검사장이 일찍이 문을 닫았고 백신도 맞은 지 일주일밖에 지나지 않아서 학교에 들어갈 수가 없었다. 갔던 길을 다시 돌아서 본관을 빠져나왔다. 9월 중순인데 아직 더위가 한창이어서 뒷목이 다 탈 것 같았다.
 영상원에서 멀어져 전집이 있는 그늘진 골목으로 돌아가고 나서야 안심이 되었다.

20.

2020년 봄

나의 두번째 화분인 보라색 아왕목 '풍풍이'는 2020년 3월쯤 나의 두번째 자취방에 오게 되었다. 나를 보러 서울에 온 엄마와 함께 돌곶이역 근처에서 밥을 먹고 집으로 돌아가던 중, 예의 그 석관시장 앞 꽃집 진열대에서 작은 보라색 잎이 귀엽게 흩뿌려진 다육식물을 마주쳤다. 그때 엄마가 나에게 "신발이 낡았는데 하나 사 줄까?"라고 물었다. 나는 "신발 대신 화분이나 하나 사줘"라고 대답했다. 집으로 화분을 들고 오는 내내 엄마는 "예쁜거 참 잘 골랐다"며 연신 칭찬을 했다.

나는 풍풍이와 지내는 동안 가해자와의 관계를 끊고, 판화 수업에 나가고, 한밤 중에 산책을 나가서 벚꽃 사진을 찍고, 인권센터에 신고 절차를 밟았다. 풍풍이도 노랑이처럼 순식간에 시들었다. 나는 어느 시기부터 수업에 나가지 못했다. 학교에 가는 게 무서워지기 시작했다. 풍풍이는 결국 갈색으로 빼빼 말라버렸고 나는 풍풍이를 화분째로 일반 쓰레기 봉투에 버렸다. 풍풍이의 행방을 묻는   에게 버렸다고 말하니, 그는 아쉬워하며 "그걸 왜 버려, 화단에라도 심으면 다시 살았을 텐데"라고 말했다. 그 말을 듣자 스스로가 부끄러웠다.

그 후로 다시는 화분을 쓰레기통에 버리지 않겠다고 다짐했다.

21.

2021

가해자의 블로그에 브로콜리너마저의 <졸업>이 링크된 글이 올라왔다. 가해자의 SNS 프로필 사진이 모조리 바뀌었다.

나는 가장 오래 기억할 거야.

22.

— 2022

　세상과 나 사이에 부옇고 반투명한 파라핀 벽이 있는 것 같다. 할아버지도, 그림도, 사람들도, 엄마도, 아빠도, 내 기억과 감정까지도 벽 너머에 있다. 파라핀 벽 위로 희뿌연 색의 덩어리들이 가까워졌다가 이내 멀어지고 사라지고 한다. 그걸 나는 그저 지켜보고 있다.

　입 밖으로 말하지 못하는 것들이 점점 사라져 간다. 비누 속에 파묻히는 것처럼 점점 뭉그러진다. 눈이 아프고 따갑다.

　서산집 마당에 서서 해를 받고 있는 할아버지가 보고 싶다. 칠 벗겨진 대문도. 녹슨 자전거도. 어제는 초등학생 때 아빠가 나를 엄청 큰 알파문구에 데리고 가서 72색짜리 색연필을 사줬던 게 생각났다. 그땐 그게 도저히 다 쓸 수 없을 정도로 거대하게 느껴졌었는데.

　모르겠다. 요즘의 난 어떤 걸 떠올려도 슬퍼서 견딜 수가 없다.

23.

1997 — 2022

며칠 전 꿈에 할아버지가 나왔다.

할아버지와 나는 집에 단둘이 있었고 시장하실까봐 밥을 차리려는데, 냉장고를 열어보니 물러터진 야채와 달걀밖에 없었다. 애호박을 가지고 전을 부쳤는데 먹어보니 너무 맛이 없었다. 할아버지께 드리니 몇 입 드시다가 화장실 변기에 버리면서 역정을 부리셨다. 엉엉 울면서 잠에서 깼다.

호박전 꿈을 꿨다.

24.

2022

이제 할아버지의 기일은 8월 4일이다. 올해 8월 4일은 음력으로 칠월 칠석이었다. 오전 6시 반.

할아버지가 의식이 있었던 시간은 3시 전후였고, 내가 소식을 전해 들은 건 6시 35분이었다. 운구하기 직전 8시에 아주 잠깐 임종면회를 했다. 휴게소에 들려서 우동을 먹고 10시 반에 서산에 도착했다. 상복을 갈아입고 영안실에 가서 한번더 할아버지를 봤다.

둘째 날 오전 11시에 입관을 했다. 수의를 입은 할아버지를 보고, 인사를 하고, 수의를 마저 입히고, 꽁꽁히 꽃 모양 매듭을 짓고, 예쁜 종이로 감싸고, 부적과 이름표를 올리고, 꽃이 가득한 관 안에 할아버지를 넣고, 관을 닫고, 관 위에 할아버지의 이름과 하고 싶은 말을 쓰고 꽃 그림을 그렸다.

25.

2022

셋째 날 오전 8시에 제사를 드린 후, 영정을 들고 생전 자주 가시던 동네와 큰댁을 한 바퀴 돌고 난 후 할아버지 댁을 들렸다. 어른들이 할아버지가 늘 하시던 것처럼 담배에 불을 붙여 영정 옆에 올려 드렸다. 할아버지 댁에는 제비집이 처마 구석구석 열다섯 개나 있었다. 구름 무늬 창문과 녹슨 자전거가 있었다. 할아버지는 사과나무도 심고 수국도 심고 홍련화와 나팔꽃도 심으셨다. 꽃들 옆으로 초록색 논이 이어졌다. 할아버지가 집을 비운 동안 사과나무는 시들시들해졌고 여기저기 잡초가 가득해서 정리가 안 되어 있었지만 아름다웠다. 할아버지가 남겨놓은 풀 하나하나가 숨쉬고 있는 풍경이.

26.

2022

 상복을 입고 땡볕에 서 있자니 정말 더웠지만 그래도 겨울이 아니고 여름이어서 할아버지를 둘러싼 세상이 온통 초록색이었다. 나뭇잎 사이로 해가 통과하며 내는 빛이 노란 전구 같아 눈이 부셨다.
 묘에 가서 안치를 하고 봉분을 올리고 제사를 지냈다. 한지와 부적과 흙과 나무를 겹겹이 쌓아 숨을 쉴 공간을 만들어 드리고, 노잣돈을 넣어 드리고, 인사를 했다.

27.

2021년 봄

세번째 자취방으로 이사를 오고 난 후, 선인장 '통통이'와 만났다.
통통이는 예전의 두 화분을 샀던 그 석관시장 꽃집에서 샀다. 한달에 한 번만 물을 줘도 잘 자랄 거라고, 주인 아저씨가 말했다.
세번째 자취방은 전에 살던 두 방보다 아침해가 잘 들었다.
통통이는 내가 교환학생으로 집을 비웠던 가을과 겨울 두 계절동안도 건강했다.
아빠는 가끔 빈 자취방에 들려서 통통이에게 물을 주고 가곤 했다.
봄의 어느 날, 통통이의 가장 긴 줄기 끝에 하얗고 작은 꽃이 피었다.
꽃은 며칠새 금방 떨어져 사라졌고 그 이후에는 핀 적이 없다.

나는 지금도 통통이와 함께 살고 있다.

28.

2023

할아버지가 떠난 후 제사를 드리기 시작했다. 어렸을 때는 죽은 사람에게 왜 먹지도 못하는 음식을 차려주는지 이해하지 못했던 것 같은데, 지금은 그 마음을 조금이나마 이해한다. 그렇게 해서라도 곁에 있는 기분을 내고 싶은 마음이라는 것을.

그날, 할아버지의 작아질 대로 작아진 몸에 겹겹이 예쁜 종이를 감싸고 꽃을 두르는 것을 보면서 느꼈던 막막한 감정이 되살아났다. 그것은 마치 부풀어오르다가 순식간에 공기가 빠져 작아지는 풍선 같았다. 사르륵 하고 흩어져버리는 여린 무언가였다. 무언가가 사라진 후엔 다시는 채울 수 없는 여백이 남았다.

난 왜 그 긴 시간 동안 할아버지와의 여백을 제대로 채워내지 못한 걸까.

29.

2023

할아버지의 책상 위 시선이 가장 먼저 닿는 벽에는 늘 당신의 손자 손녀들의 사진이 있었다. 당신은 그 사진을 보며 외로웠을 거다. 당신은 우리의 삶을 알고 싶어하셨을 거다. 그러나 할아버지가 내 삶을 더 알았다면, 우리의 관계는 더 틀어졌을지도 모른다. 혹은 내가 더 이상 할아버지를 사랑할 수 없게 되었을지도 모른다. 서로의 삶에 대해 더 깊이 알아가는 건, 알아가는 것만으로도 서로에게 상처를 남길 수 있는 일이다. 나에게 가족이라는 관계는 늘 그런 사이였다.

나와 할아버지의 삶이 겹쳐 있던 시간 동안 더 많은 걸 주고받지 못했던 건, 과연 어쩔 수 없던 걸까. 그 시간 동안 내가 당신의 아픔을 몰랐고 당신이 나의 아픔을 몰랐던 일은, 과연 이대로 끝나도 괜찮은 걸까.

그래도 우리의 마음이 사랑이 아니라고 생각하지는 않는다. 어쩌면 이 아쉬움마저도 사랑의 한 형태일지도 모른다고 생각한다.

30.

2019년 여름 같던 봄

사라진 제련소 터가 있는 섬을 여행했다.
제련소 터 앞의 바닷물은 색이 흐렸고, 모래 대신 검고 뿌연 석탄 가루가 밀물을 머금고 있었다. 빗방울이 떨어지는 흐린 날이었지만 이날 본 바다는 이때껏 살면서 본 바다 중에서 가장 아름다웠다. 돌아오고 나서, 섬에서 사진을 찍으며 살아가는 아이가 나오는 소설을 썼다.

31.

2020년 초 겨울

남해 바다를 보았다.
다랭이 마을에서 버스정류장으로 향하는 언덕길이었다. 하늘이 하얗게 보일 정도로 눈이 부셨다. 해안선이 거의 안 보일 정도였다. 반짝이는 수면 위에 군용 배들이 둥실둥실 떠 있었다. 미야모토 테루의 『환상의 빛』에서 나오는 소소기의 바다를 연상케 하는 빛이었다. 사랑을 홀려 죽음으로 흔들흔들 다가가게 하는 그 소설 속 바다의 빛무리.

시간이 많이 지나고 많은 기억들을 더 이상 떠올리지 않을 수 있을 정도로 회복되었을 때도, 남해 바다는 마음 속에 오래 남아있었다. 여기저기서 아름다운 바다를 그토록 많이 봤는데, 왜 그토록 끔찍한 시기에 끔찍한 기억 속에서 찰나처럼 마주쳤던 바다가 그렇게 오래 마음 속에 있었던 걸까.

32.

2022년 초 겨울

여기서 본 아름다운 장면은 순간의 섬광탄처럼 곧 눈앞에서 사라져버리고 만다. 하늘을 흔들흔들 헤엄치는 빛무리를 보았을 때도, 쉴틈없이 햇빛을 흡수하며 반짝이고 있는 빙하를 보았을 때도, 그런 것들은 손에 잡히지도 않고 고개를 돌리면 곧 사라지고 만다. 언제고 닿을 수 있는 곳에 그런 것들이 있다면 정말 좋을 텐데.

언제고 사라질 것만 같은 내 곁의 사람들, 이룰 수 없을 것만 같은 꿈, 뒤편에 덩그러니 남겨진 나의 위치, 나에게 주어진 시간, 내가 해야 할 일들, 돈, 기회, 이런 것들이 자꾸만 나를 슬프고 외롭게 한다. 마음에 고인 물기가 도처히 마르지 않는다. 지금 쓰고 있는 단편은 끝낼 수 있을까? 새로운 것을 만들어내는 건 늘 쉽지 않다. 하고 싶은 이야기가 속에서 넘쳐날 때는 그걸 어떻게 다뤄야 할지 몰라서 내 손에 상처가 나고, 그런 이미지조차 없을 때는 마음이 텅 비어서 바람이 숭숭 들어와서 춥고 외로워진다.

강해져야 한다고 느낀다. 내가 그림과 글을 사랑한다면, 앞으로 사랑하기로 결심했다면 사랑하는 만큼 강해져야 한다고 느낀다. 사랑도 마찬가지고, 세상 어떤 것도 마찬가지다. 내가 누군가를, 무언가를 사랑한다면 사랑하는 만큼 강해져야 한다고. 그래야 비로소 내가 사랑하는 것을 지킬 수 있다고. 아무도 없는 공항에서 밤을 새며 그런 상상을 혼자 했다.

33.

2022

요며칠 계속 날이 맑아서 하늘을 볼 때마다 마음이 찡하고 아려왔다. 어제는 학교를 들렸다가 기숙사로 돌아가는 길에 학교 뒤쪽에 있는 숲길을 따라 더 멀리 걸었더니 작은 호수가 나왔다. 이렇게 가까운 곳에 이렇게 아름다운 곳이 있었다니. 한참 바라보다가 해가 지기 시작할 때쯤 돌아왔다.

체코에 있는 동안 사람을 만나기보다는 방 안에 우두커니 있었던 시간이 훨씬 많았다. 프라하는 아름다웠고 먼저 다가오는 좋은 사람은 늘 있었지만, 언어가 통하지 않는 세상은 무섭고 막막했다. 하고 싶은 말을 제대로 할 수 없고, 한국에서처럼 매일같이 악몽을 꿨다. 그랬다. 나는 이곳에서 내가 기대했던 만큼 현실로부터 벗어날 수 없었다. 내가 한국에 있어도 체코에 있어도 끔찍했던 과거는 그대로였고, 앞이 안 보이는 현실은 앞으로도 이어질 것이었다.

34.

2022

그런데 그렇게 방 안에 웅크리고 있다가 누군가의 손에 이끌려 나와 맥주를 마시고, 피자를 구워 먹고, 오리온자리가 선명하게 보이는 하늘을 보고, 숲과, 호수와, 빛의 연기처럼 피어난 오로라를 보고, 그럴 때면 깊고 깊게 숨을 들이쉬는 것 같은 기분이 들었다. 그 아름다운 것들에 압도되었을 때, 그 시간만큼은 나는 온전히 내 눈 앞의 풍경과 장면만을 바라볼 수 있었다.

과거의 트라우마가 언제고 다시 발현되어 나를 괴롭히더라도 어쨌든 나는 앞으로도 계속 살아 있을 거라는, 살아갈 거라는 생각이 들었다. 그리고 언젠가는 나를 무너뜨리려는 것들과 맞서 싸울 수 있는 날이 올 거라고, 그렇게 믿어 보고 싶어졌다.

이곳에서의 시간은 너무 아름답고 소중했다. 다시는 만나지 못할 풍경이란 생각을 하니 마음 아프고 쓸쓸하다. 나에게 있어 이별은 미리 준비할 수 있는 종류의 일이 아니다. 예전부터 늘 그랬다.

35.

2021 — 2020

그때는 긴 싸움이 시작될 것을 알지 못했다. 그저 돌이킬 수 없어졌다는 것과, 나의 이십대 초반이 뜯겨져 버렸다는 것, 그리고 무언가 끔찍한 일이 나에게 벌어졌고 이제는 벗어났다는 것 정도를 알았다. 나는 내가 우주 한복판에 떨어져 나온 먼지처럼 되어버렸다는 것을 알았다. 그리고 지하철 안에서 그렇게 울었다.

오늘 나는 오랜만에 그 날을 떠올렸다. 지금 체코에 와 있는 스물다섯 살의 나는 울면서 지하철 역으로 내려가는 스물네 살의 나를 먼 발치에서 바라봤다. 마음이 한 웅큼 뜯어지는 듯한 통증이 일었다.

그리고 생각했다. 자화상을 그리는 건 그런 일이 아닐까.

나의 어느 시절의 뒷모습을 지켜봐주는 일이 아닐까.

36.

2022

나는 소망한다. 언젠가는 이 지독한 인과를 끊어낼 수 있기를. 나만이 겪은 단 하나뿐이던 폭력이 반복해서 나의 다른 소중한 것들을 깨트리도록 두지 않을 것이다. 적어도 내 손으로는 그 어떤 것도 망가프리지 않을 것이다.

37.

2023

학위복을 빌리고 나서야 렌즈를 끼지 않았다는 걸 깨닫고 굽 닳은 구두로 허겁지겁 자취방까지 뛰어갔다 왔다. 무대에 앉아 있는 졸업자들 사이에서 약기운 때문에 꾸벅꾸벅 졸았다. 졸업자 이름을 호명하는데 나와 가해자를 동시에 아는 사람들의 이름이 너무 많았다. 가해자가 졸업을 유예해서 지금 여기에 있는 건 아닐까 하는 상상을 했다. 눈앞이 하얘지고 숨이 찼다. 애써 웃으면서 부모님과 사진을 찍었다. 아빠가 자꾸 더 크게 웃으라고 해서 울컥 화를 내 버렸다. 해 때문에 눈이 떠지지 않는다고 몇 번을 말하느냐고. 인파 속에서 한참을 비틀거리다가 본관을 빠져나왔다. 혼자 언덕을 넘으면서 조금 울었다. 오랜만에 예쁘게 한 화장이 번지는 게 싫어서 몇 번이고 눈물을 삼켰다.
그게 내 학교에서의 마지막, 졸업식이었다.

졸업식 날까지 나를 고통스럽게 했던 학교야, 안녕. 더 나은 세상을 만들면서 살아가고 싶다고 마음먹게 해 주어서 고마워.

38.

2022

언젠가 나는 파란색 원피스를 입고 밖에 나갈 거다. 집에 돌아가 침대 밑을 뒤져 빛바랜 노란 필통에 들어 있는 파버카스텔 색연필을 다시 꺼낼 거다. 가랑코에에 얽힌 아빠의 농담을, 농담을 하던 그 시절의 아빠를 기억하며 살 거다. 선인장 통통이를 죽이지 않을 거고, 학교를 계속 나가고, 그림을 계속 그릴 거다. 언젠가는, 떨리는 손에 천천히 힘을 주어 주먹을 꼭 쥐듯이, 그렇게 할아버지와의 이별을 받아들일 거다.
그리고 언젠가는 이상하고 작은 도시 진해를,
그리고 남해 바다를 다시 보러 갈 거다.
그 바다를, 거리를, 기찻길을, 벚꽃을 마주쳐도
아무렇지 않게 아름답다고 생각할 날을 기다릴 거다.

39.

2024

이사를 했다.
새로운 학교에서 석사 과정을 밟기 시작했다.
집에 갈 때마다 마주치는 밤의 목련은 흰 눈처럼 밝게 빛난다.
그것이 떨어져 흩날리는 상상을 한다. 꽃잎이 포근하게 내 몸을 감싸며.

그 일을 폭력이라고 부를 수 있게 된 순간에는 마음이 차고 따가웠다.
붉게 부은 눈 위로 찬 겨울 공기가 닿는 기분이었다.

유령의 몸 위로, 머리 위로 눈이 내려앉기 시작했다.

유령은 희고 찬 눈 속으로 손을 뻗어 보았다.

아주 오랜 시간이 지난 후, 유령은 눈사람이 되었다.

그림일기
ⓒ 박정원 2024

초판인쇄 2024년 11월 20일
초판발행 2024년 12월 1일

글·그림·편집 박정원

펴낸곳 윈터가든북스
펴낸이 박정원

출판등록 2024년 10월 16일 제 2024-000082호
전자우편 shjeongwon@gmail.com
인스타그램 @garden_trace
누리집 www.gardentrace.com

ISBN 979-11-989760-0-0

이 책의 판권은 박정원과 윈터가든북스에 있습니다.
이 책 내용의 전부 또는 일부를 재사용하려면 반드시 양측의 서면동의를 받아야 합니다.

잘못된 책은 구입하신 서점에서 교환해드립니다.